BEI GRIN MACHT SICH IHR WISSEN BEZAHLT

- Wir veröffentlichen Ihre Hausarbeit, Bachelor- und Masterarbeit

- Ihr eigenes eBook und Buch - weltweit in allen wichtigen Shops

- Verdienen Sie an jedem Verkauf

Jetzt bei www.GRIN.com hochladen und kostenlos publizieren

GRIN

Bibliografische Information der Deutschen Nationalbibliothek:

Die Deutsche Bibliothek verzeichnet diese Publikation in der Deutschen National-
bibliografie; detaillierte bibliografische Daten sind im Internet über http://dnb.d-
nb.de/ abrufbar.

Dieses Werk sowie alle darin enthaltenen einzelnen Beiträge und Abbildungen
sind urheberrechtlich geschützt. Jede Verwertung, die nicht ausdrücklich vom
Urheberrechtsschutz zugelassen ist, bedarf der vorherigen Zustimmung des Verla-
ges. Das gilt insbesondere für Vervielfältigungen, Bearbeitungen, Übersetzungen,
Mikroverfilmungen, Auswertungen durch Datenbanken und für die Einspeicherung
und Verarbeitung in elektronische Systeme. Alle Rechte, auch die des auszugsweisen
Nachdrucks, der fotomechanischen Wiedergabe (einschließlich Mikrokopie) sowie
der Auswertung durch Datenbanken oder ähnliche Einrichtungen, vorbehalten.

Impressum:

Copyright © 2008 GRIN Verlag, Open Publishing GmbH
Druck und Bindung: Books on Demand GmbH, Norderstedt Germany
ISBN: 9783640540235

Dieses Buch bei GRIN:

http://www.grin.com/de/e-book/144813/jenseitsvorstellungen-bei-platon-und-
plutarch

Mario Westphal

Jenseitsvorstellungen bei Platon und Plutarch

GRIN Verlag

GRIN - Your knowledge has value

Der GRIN Verlag publiziert seit 1998 wissenschaftliche Arbeiten von Studenten, Hochschullehrern und anderen Akademikern als eBook und gedrucktes Buch. Die Verlagswebsite www.grin.com ist die ideale Plattform zur Veröffentlichung von Hausarbeiten, Abschlussarbeiten, wissenschaftlichen Aufsätzen, Dissertationen und Fachbüchern.

Besuchen Sie uns im Internet:

http://www.grin.com/

http://www.facebook.com/grincom

http://www.twitter.com/grin_com

Johann Wolfgang Goethe-Universität Frankfurt am Main
Fb. 06: Evangelische Theologie – Religionswissenschaft
Seminar: Eschatologie in den Religionen
Wintersemester 2007/2008

Referatsausarbeitung:
Jenseitsvorstellungen bei Platon und Plutarch

Inhaltsverzeichnis

1. Der Untersuchungsgegenstand

Diese Ausarbeitung soll sich auf den Aufsatz „Jenseitsmythen bei Platon und Plutarch" von Wilfried Eisele[1] beziehen. Da die untersuchten Platontexte leicht zugänglich sind, werden in den entsprechenden Abschnitt dieser Ausarbeitung Platons Quellentexte reflektiert. Für den Abschnitt über Plutarchs Jenseitsvorstellungen wird dann ausschließlich auf den oben genannten Text Bezug genommen.

Um dies angemessen zu bewerkstelligen, wird es nötig sein, in einem ersten Abschnitt die beiden Autoren etwas näher vorzustellen. Dabei wird es nicht darum gehen eine detaillierte Biografie von Platon beziehungsweise von Plutarch aufzuzeigen, vielmehr werden die für diese Arbeit wichtigen Lebensdaten benannt und kurz betrachtet sowie später in die Interpretation der jeweiligen Texte mit einfließen.

Anschließend werden die Jenseitsvorstellungen von Platon an Hand von drei Schriften analysiert: *Gorgias*, *Phaidon* und *Politeia*. Das sind auch die Quellen, auf die sich Eisele in seinem Aufsatz beschränkt, so dass für diese Ausarbeitung die Auswahl übernommen wird.

Bei Plutarch wird, wie oben bereits gesagt, auf den Text von Eisele eingegangen. Da es sich um ein zweistündiges Referat handelte, war nicht die Zeit auch bei ihm die Primärtexte zu interpretieren. Deshalb wurde sich dort, wie auch in dieser Ausarbeitung, auf die Sekundärliteratur des Seminars beschränkt.

Abschließend werden die vorgestellten Jenseitsmythen miteinander verglichen, wofür zusammenfassend die Gemeinsamkeiten und Unterschiede hervorgehoben und kommentiert werden.

---

[1] Eisele, Wilfried: Jenseitsmythen bei Platon und Plutarch. In: Labahn, Michael; Lang, Manfred (Hrsg.): Lebendige Hoffnung – Ewiger Tod ?! Jenseitsvorstellungen im Hellenismus, Judentum und Christentum; Leipzig; 2007; S.315-340.

3

2. Die Autoren

2.1. Platon[2]

Platon wurde zwischen März und Mitte Juli des Jahres 427 vor Christus als Sohn des Ariston und der Periktione in Athen geboren und hieß eigentlich Aristokles. Er war einer der bedeutendsten griechischen Philosophen der Antike und starb 348/347 vor Christus. Platon erhielt wahrscheinlich die beste athenische Bildung, unter anderem auch bestehend aus Ringkampf und Militärdienst, und schrieb in seinem siebten Brief, der wohl als echt gelten darf, dass er es vorhabe umgehend politisch aktiv zu werden. Seine eigenen, negativen politischen Erfahrungen lassen Platon diesen Wunsch sehr schnell ändern. Er erlebt das Regiment der Dreißig von 404/403 vor Christus (eine Schreckensherrschaft nach Beendigung des Peloponesischen Krieges an der auch Verwandte Platons teilnahmen[3]) ebenso mit wie den Prozess und das Todesurteil sowie dessen Vollstreckung gegen seinen Lehrer Sokrates im Jahre 399 vor Christus.

Nach seiner ersten Italienreise nach Athen zurückgekehrt gründet Platon eine Schule für Philosophie, die Akademie, die er selber über vier Jahrzehnte leiten sollte. An der Schule sollten Menschen zu Politikern ausgebildet werden, wie Platon sie sich idealtypisch vorstellte.

2.2. Plutarch[4]

Plutarch wurde um 46 nach Christus in Chaironeia als Sohn einer vornehmen Familie geboren und war griechischer Schriftsteller, Philosoph und Biograph. Er studierte Rhetorik sowie an der athenischen Akademie platonische Philosophie und lernte auf verschiedenen Reisen ganz Griechenland, Kleinasien und Ägypten kennen. Auf diesen Reisen besuchte er auch mehrfach Rom. Plutarch bekleidete in seiner Heimatstadt mehrere kommunale Ämter und hatte über mehrere Jahre eines der höchsten Priesterämter inne. Er war mit einigen Römern freundschaftlich verbunden, so zum Beispiel mit Mestrius Florus, einem Vertrauten des Kaisers Vespasian.

---

[2] Für diesen Abschnitt werde ich mich fast ausschließlich, wo nicht wird es deutlich geamcht werden, auf folgende Quelle beschränken: Reichert, Eckhard: Platon. In: Bautz, Friedrich-Wilhelm (Hrsg.): Biografisch-Bibliografisches Kirchenlexikon; Herzberg; Bd. VII;1994; Spalten 723-726.
[3] Bordt, Michael: Platon; Freiburg/Basel/Wien; 1999; Spalte 18-19.
[4] Für diesen Abschnitt beschränke ich mich ausschließlich auf folgende Quelle: Frenschkowski, Marco: Plutarch. In: Bautz, Friedrich-Wilhelm (Hrsg.): Biografisch-Bibliografisches Kirchenlexikon; Herzberg; Bd. XIV;1998; Spalte 1363-1372.

Da Kirchenväter wie zum Beispiel Hieronymus Plutarch auf Grund seiner tiefen Humanität oft lobend erwähnten, ist er der Autor des neutestamentlichen Jahr-hunderts, von dem das meiste Schrifttum erhalten ist. Dabei war Plutarch weder ein Historiker, noch ein eigenständiger Philosoph im eigentlichen Sinne. Vielmehr referierte er mit Interesse die Diskussionen seiner Zeit und bediente sich dabei verschiedener Denkströmungen, wenngleich Platon ihm als geradezu unfehlbar galt.

3. Jenseitsvorstellungen bei Platon

3.1. Jenseitsvorstellungen im *Gorgias*

Im *Gorgias* wird ein Gespräch zwischen Sokrates und einem seiner Gegner, Kallikles[5], dargestellt, in dem Sokrates seinen Gegenüber vom richtigen, philosophischen Lebensweg überzeugen will.

Der *Gorgias* setzt damit, im Vergleich zu den beiden anderen Quellen in dieser Ausarbeitung zu untersuchenden Platontexten, am frühesten ein und kennt zwei Zeitstufen. Laut Platon urteilten in der früheren Zeit Lebende über Lebende, das heißt, dass die Seelen noch im Körper dessen waren, über den gerichtet werden sollte. Dadurch sei der Charakter des Menschen, sprich seine Seele, von materiellen Eigenschaften wie Kleidung überdeckt worden. Außerdem seien die Richter auf ihre menschlichen Sinnesorgane beschränkt gewesen, was dazu geführt habe, dass sehr viele Fehlurteile gefällt worden seien. Daraufhin änderte Zeus die Gerichtspraxis. Von diesem Zeitpunkt an richteten laut Platon körperlose Richter über körperlose, anonyme Seelen, wodurch gerechte Urteile gefällt worden seien.[6]

Hier setzt der Bericht Platons in *Gorgias* „5.62 Zustand der Seelen"[7], ein. Sokrates, als Sprecher der platonischen Vorstellungen, geht davon aus, dass sich mit dem Tod einer Person Körper und Seele voneinander trennen ohne dabei ihre spezifische Form zu verändern[8]. Sowohl der Körper als auch die Seele spiegelten dabei die Lebensweise des Verstorbenen wieder.

---

[5] Zur Peson des Kallikles: Dalfen, Joachim: Platon. Werke; Bd. VI 3; Göttingen; 2004; S. 132-137.
[6] Eigler, Gunther (Hrsg.): Platon. Werke in acht Bänden; Bd. 2; Darmstadt; 1988; S. 491-495.
[7] Ebd.; S. 4 95.
[8] Vgl. Ebd.

„Wenn jemand von Natur oder durch seine Lebensweise oder durch beides einen großen Leib hatte, so ist auch sein Leichnam noch groß, wenn er tot ist; war er fett, ist auch der Leichnam fett, und alles andere ebenso"[9].

Der Körper verändere sich mit Eintritt des Todes nicht, gebe jedoch auch nicht den Charakter des Menschen wieder. Das könne nur die Seele, welche ebenfalls unverändert bleibe.

„Sichtbar ist alles an der Seele, wenn sie vom Leibe entkleidet ist, sowohl was ihr von Natur eignete als auch die Veränderungen, welche der Mensch durch sein Bestreben[10] *um dies und jenes in der Seele bewirkt hat."*[11]

Die Bewertung der Seele erfolgt durch Rhadamanthys, der dabei nicht weiß, wessen Seele er vor sich hat.

„Oft, wenn er den großen König vor sich hat oder andere Könige und Fürsten, findet er nichts Gesundes an der Seele, sondern durchgepeitscht findet er sie und voller Schwielen von Meineid und Ungerechtigkeit und wie eben jedem seine Handlungsweise sich in der Seele ausgeprägt hat, und findet alles verrenkt von Lügen und Hochmut und nichts Gerades daran(...)"[12].

An diesem Zitat wird verschiedenes deutlich. Erstens, dass die Form der Seele das Verhalten des Menschen aufzeige. Ein ungerechter Mensch habe eine krumme, „verrenkt(e)"[13] Seele, ein gerechter Mensch weise dagegen eine gerade Seele auf. Zweitens gehe es bei der Beurteilung eines Menschen um seine „Handlungsweise"[14], also seine Taten. Erst Platons Schüler Aristoteles wird die Bewertung eines Menschen noch auf sein Bestreben, seine Wünsche erweitern, was Platon noch nicht in den Blick nimmt[15]. Drittens spielt Platon hier auf den Charakter der Herrschaft an. Es wird deutlich, dass er davon ausgeht, dass die meisten Herrscher einen schlechten Charakter hätten. Hier zeigen sich meines Erachtens seine eigenen, schlechten politischen Erfahrungen, die er auf seine Überlegungen überträgt. Dies taucht, wie sich zeigen wird, auch an anderen Stellen wieder auf.

---

[9] Ebd.

[10] Platon geht hier also von einer Strebensethik aus. Da die Ethikvorstellung Platons hier jedoch zu weit vom eigentlichen Untersuchungsgegenstand wegführen würde, muss sich hier auf diese Anmerkung beschränkt werden.

[11] Eigler, Gunther (Hrsg.): Platon. Werke in acht Bänden; Bd. 2; Darmstadt; 1988; S. 495.

[12] Ebd., S. 497.

[13] Ebd.

[14] Ebd.

[15] Vgl., Aristoteles: Nikomachische Ethik; nach der Übersetzung von Eugen Rolfes bearbeitet von Günther Bien, Hamburg, 1995, S. 100.

Seelen ungerechter Menschen würden vom Richter gekennzeichnet, ob sie heilbar sind oder nicht und anschließend in den Tartaros geschickt. Dort müsse ein jeder erleiden, was ihm zustehe. Erleiden ist hierbei wörtlich zu nehmen. Platon spricht von „Schmerz und Pein"[16], den die „Frevler"[17] zu erleiden hätten, wodurch sie jedoch von ihren „heilbaren Vergehen"[18] befreit würden. Die unheilbaren Seelen würden zwar auch leiden müssen und „die ärgsten, schmerzhaftesten und furchtbarsten Übel erdulden", könnten jedoch, wie die Bezeichnung unheilbar schon deutlich macht, von diesen Verfehlungen nicht entlastet werden. Sie würden auf ewig in der Unterwelt leiden müssen und dort als abschreckendes Beispiel dienen für jene, die sich "nur" heilbare Vergebungen aufgeladen haben.

Der Akt der Bestrafung verfolgt zwei Ziele. Einerseits werden die Heilbaren durch sie von ihren Vergehen gereinigt und können mit einer geraden, gerechten Seele in ein neues Leben zurückkehren, andererseits dient die Strafe, gerade an den Unheilbaren, als abschreckendes Beispiel, wodurch die übrigen Seelen zu einem besseren Lebensstil erzogen werden sollen.

Aus diesen Aspekten wird deutlich, dass Platon von einer Seelenwanderung ausgeht. Die Seelen werden gereinigt und wieder gerecht gemacht, damit sie im neuen Leben die richtige Lebensweise ergreifen können. Ohne eine Seelenwanderung wäre eine Reinigung der Seelen sinnlos. Auch würden die unheilbaren Seelen dann nicht als abschreckendes Beispiel dienen können, denn die, die davon lernen können, hätten gar nicht mehr die Möglichkeit ihre bessere Lebenseinstellung unter Beweis zu stellen.

Unter 525d-526c[19] berichtet Platon, dass sich unter den unheilbaren Seelen zumeist Tyrannen, „Könige und Fürsten"[20] befänden, da gerade diese die Macht hätten ihren Mitmenschen Schlechtes zu tun und diese Möglichkeit auch häufig zu ihrem eigenen (irdischen) Vorteil ausnützten. Hier spielt Platon wiederum auf seine eigenen politischen Erfahrungen an, auch wenn er zugesteht, dass es auch gerechte Herrscher gäbe.

„Erblickt er (gemeint ist der Richter Rhadamanthys, M.W.) aber bisweilen eine andere Seele, die heilig und in der Wahrheit gelebt hat, (...) eines Weisheitsliebenden, der das Seine getan und nicht vielerlei äußerlich betrieben hat, so freut er sich und sendet sie in die Inseln der Seligen"[21].

---

[16] Eigler, Gunther (Hrsg.): Platon. Werke in acht Bänden; Bd. 2; Darmstadt; 1988; S. 495.
[17] Ebd.
[18] Ebd.
[19] Ebd., S. 498-499.
[20] Ebd., S. 499.
[21] Ebd., 499-500.

Platon geht anscheinend davon aus, dass nur wenige Menschen einen gerechten Lebensweg einschlagen und durchhalten. Anders ist es nicht zu erklären, warum er davon spricht, dass eine gerechte Seele nur „bisweilen" erblickt würde[22]. Außerdem hat Platon eine ganz bestimmte Lebensweise vor Augen, die er Sokrates als „heilig" bezeichnen lässt, nämlich die „weisheitsliebende", also philosophische Lebensweise[23]. Des Weiteren tue eine gerechte Seele nur das Ihrige „und nicht vielerlei (Ä)ußerlich(es)". Hiermit ist wohl gemeint, dass sich der weisheitsliebende Mensch möglichst aus der Politik raushalten sollte, da diese ihn dazu verleite Schlechtes zu tun. Erscheint eine solche Seele vor Rhadamanthys, so wird sie „in die Insel der Seligen" geschickt. Das Motiv der Insel der Seligen übernimmt Platon dabei wohl von Hesiod und meint damit den „Aufenthaltsort der toten Heroen"[24] am Rand der Welt[25].

3.2. Jenseitsvortellungen im *Phaidon*

Das Rahmengespräch im *Phaidon*[26] findet zwischen Echekrates[27] und Phaidon[28] statt, wobei letzterer über den Tod des Sokrates im Gefängnis berichtet, bei dem er selbst anwesend gewesen sei[29]. In diesem Bericht erzählt Phaidon von Gesprächen mit Sokrates kurz vor dessen Tod, unter anderem von einem Mythos über das Schicksal der Seele nach dem Tod[30]. Platon schreibt davon, dass jeder Mensch sowohl im Diesseits als auch im Jenseits einen Dämon („daimon"[31]) als Führer hätte, der ihn nach dem Tod in die Unterwelt zu führen habe[32]. Er legt hiermit einen deutlich positiveren Dämonenbegriff zu Grunde als dies beispielsweise im Neuen Testament der Fall ist. Der Dämon ist bei Platon niemand, der dem Menschen Schaden zufügen oder ihn in die Irre leiten will, sondern dient ihm als Orientierung in der Unterwelt. Warum dies notwendig ist, wird bei der Beschreibung der Unterwelt und der Wanderung in dieser deutlich werden.

---

[22] Vgl. Dalfen, Joachim: Platon. Werke; Bd. VI 3; Göttingen; 2004; S. 494.
[23] Ein Philosoph ist wortwörtlich nichts anderes als ein Freund (fi,loj) der Weisheit (sofi,a|).
[24] Dalfen, Joachim: Platon. Werke; Bd. VI 3; Göttingen; 2004; S. 484.
[25] Vgl. Ebd.
[26] Eigler, Gunther (Hrsg.): Platon. Werke in acht Bänden; Bd. 3; Darmstadt; 1974.
[27] Bei Echekrates handelt es sich um einen Pythagoreer, der als Adressat des Rahmengespräches fungiert. Echekrates dient dabei als Vertreter einer Gruppe, wohl der pythagoreischen Gemeinde. Vgl. hierzu: Ebert, Theodor: Platon. Werke; Bd. I 4; Göttingen; 2004; S. 97-98.
[28] Zur Person des Phaidon ist relativ wenig bekannt. Wenn er existiert hat, wurde er wohl während des Krieges seiner Heimatstadt Elis gegen Sparta 401-400v. Chr. gefangen genommen. Sein Name taucht jedoch außer in diesem Dialog nirgends auf, so dass es sich hier wohl um eine fiktive Person handeln dürfte. Vgl. hierzu: Ebert, Theodor: Platon. Werke; Bd. I 4; Göttingen; 2004; S. 99.
[29] Vgl.: Eigler, Gunther (Hrsg.): Platon. Werke in acht Bänden; Bd. 3; Darmstadt; 1974; S. 3.
[30] Vgl.: Ebd.; S. 171.
[31] Ebd.; S. 170.
[32] Vgl.: Ebd.; S. 171.

Über den Wandel der Seelen in dieser Unterwelt wird an dieser Stelle nicht viel gesagt. Platon lässt lediglich folgendes erzählen:

„Nachdem ihnen dann dort geworden, was ihnen gebührt, und sie die gehörige Zeit dageblieben, bringt ein anderer Führer sie wieder von dort hierher zurück nach vielen und großen Zeitabschnitten.“[33]

Platon geht also auch in diesem Mythos von einem Tun-Ergehen-Zusammenhang aus. Der Mensch beziehungsweise besser die Seele des Menschen wird für ihre Taten im Leben in der Unterwelt bestraft oder belohnt, wie es ihm „gebührt“[34]. Außerdem legt er hier explizit die Seelenwanderung zugrunde, wenn er sagt, dass sie „von dort wieder hierher zurück(kommen, M.W.)“[35].

Auf dieser Wanderung führe der erste Weg die Seele in die Unterwelt. Dieser Weg sei ein sehr verzweigter, weshalb ein Führer notwendig sei, um den richtig Weg zu nehmen. Eine gute Seele folge ihrem Dämon, da sie wisse, was ihr bevorstehe. Die schlechte Seele müsse mit Gewalt gezwungen werden ihrem Dämon zu folgen, da sie immer wieder versuche ihm zu entkommen.[36] In der Unterwelt irrten die schlechten Seelen umher, da kein Dämon sich ihrer annehmen wolle[37]. Die gute Seele käme an den „ihr gebührenden Ort“[38].

Im folgenden Abschnitt 108c5-110c[39] beschreibt Sokrates „die Gestalt der Erde: die bewohnten Gebiete“[40]. Die kugelförmige Erde liege in der Mitte des Alls und werde durch die „Einerleiheit des Himmels und (das, M.W.) Gleichgewicht der Erde selbst“ gehalten. Die von Platon und seinen Zeitgenossen bewohnte Welt stellt sich dieser als „Höhlungen“[41] vor. Die wahre Welt sei jedoch über diesen Höhlungen zu erblicken. Dies sei dem Menschen jedoch „aus Trägheit und Schwachheit“[42] nicht möglich.[43]

---

[33] Ebd., S. 171.
[34] Ebd.
[35] Ebd.
[36] Vgl.: Ebd.; S. 173.
[37] Vgl.: Ebd.
[38] Ebd.
[39] Ebd., S. 173-183.
[40] Ebd., S. 179.
[41] Ebd.
[42] Ebd.
[43] Vgl.: Ebd., S. 175-179. Ein ausführlicher Kommentar zur Gestalt der Erde ist zu finden in: Ebert, Theodor: Platon. Werke; Bd. I 4; Göttingen; 2004; S. 436-438.

Die wahre Erde, die Platon aus der Draufsicht auf die Erdkugel beschreiben lässt, sei reiner, bunter und schöner als der belebte Teil der Erde[44]. An dieser Stelle folgt ein Perspektivenwechsel. Sokrates erzählt ab 111a aus der Sicht eines Menschen, der sich auf dieser wahren Erde befindet. Dort gäbe es auf Grund der richtigen Mischung der Witterungen keine Krankheiten und die Menschen lebten dort viel länger. Außerdem wohnten die Götter in den Tempeln der Menschen und lebten mit den Menschen zusammen.[45]

Die Unterwelt, die Platon anschließend beschreiben lässt (110c-113d[46]), bestehe aus einem unübersichtlichen System von Gängen aus „warmen Wassern und kalten und vieles Feuer und große Ströme von Feuer, viele auch von feuchtem Schlamm, teils reinerem, teils schmutzigerem"[47], die alle in den Tartaros münden und von ihm aus die Flüsse der Erde füllen.[48]

In der diesen Bericht abschließenden Vorstellung über das Schicksal der Seelen nach dem Tod geht Platon davon aus, dass zuerst die reinen von den unreinen Seelen getrennt werden[49]. Die unreinen Seelen würden wiederum eingeteilt werden nach der Schwere ihrer Vergehen, wobei die Seelen mit leichteren Vergehen auf den Acheron kämen, einen der vier großen unterirdischen Ströme[50], wo sie eine Reinigung durchmachen würden und dann, von ihren Vergehen los gesprochen , wieder auf die Erde stiegen.[51]

Schwerere Vergehen würden entsprechend härter bestraft. Die entsprechenden Seelen würden für ein Jahr in den Tartaros geworfen, anschließend in einen Fluss getrieben und müssten dort jene anrufen und um Verzeihung bitten, gegen die sie sich versündigt haben. Wird ihnen vergeben, so könnten auch sie aufsteigen, wird ihnen nicht vergeben, würden sie wieder für ein Jahr in den Tartaros gespült, wo der eben gezeichnete Kreislauf mit Reinigung – Anrufen – Bitte um Verzeihung – Entscheidung von vorne beginnt.[52]

Die reinen Seelen, vorzugsweise die, die durch eine philosophische Lebensweise gerecht gelebt haben, würden in die wahre Erde aufsteigen und lebten dort ohne einen Körper.[53]

---

[44] Vgl.: Eigler, Gunther (Hrsg.): Platon. Werke in acht Bänden; Bd. 3; Darmstadt; 1974; S. 180-183.
[45] Vgl.: Ebd., S. 183.
[46] Ebd., S. 185-191.
[47] Ebd.; S. 185.
[48] Auf eine weitergehende Darstellung der Platonischen Vorstellung der Unterwelt wird hier verzichtet. Es sollte deutlich geworden sein, dass es sich um eine labyrinthähnliche Welt handelt, in der sich die Seele nur mit Hilfe des Dämons zurechtfinden kann.
[49] Eigler, Gunther (Hrsg.): Platon. Werke in acht Bänden; Bd. 3; Darmstadt; 1974; S. 191.
[50] Vgl.; Ebd.; S. 189.
[51] Vgl.; Ebd.; S. 191.
[52] Vgl.; Ebd.; S. 193.
[53] Vgl., Ebd.; S. 193-195.

10

3.3. Jenseitsvorstellungen in der *Politeia*

Der Schwerpunkt des Jenseitsmythos in der *Politeia* liegt auf der jenseitigen Seelenwanderung und der abschließenden Rückkehr ins Diesseits. Platon lässt Sokrates auf die Erzählung eines „Er, dem Sohn des Armenios, dem Geschlecht nach ein Pamphylier"[54] verweisen, der als Scheintoter[55] mehrer Tage im Jeinseits verbracht habe[56]. Dieser Er habe berichtet, dass seine Seele zusammen mit anderen Seelen gewandert sei. Während dieser Wanderung seien sie an einen „wunderbaren Ort gekommen, wo in der Erde zwei aneinander grenzende Spalten gewesen (sind, M.W.) und am Himmel gleichfalls zwei andere ihnen gegenüber (waren, M.W.)."[57]

Die Seelen seien von Richtern gekennzeichnet worden, welchen Weg sie zu nehmen hätten. Die Gerechten seien in den Himmel geschickt worden, die Ungerechten „nach unten"[58]. Anschließend seien die Seelen am jeweiligen Ort gewandert, bis sie wieder vor den Richtern erschienen, wo sie „auf (...) Matten verweilen konnten"[59]. Während dieser Ruhephase hätten sich dann die einzelnen Gruppen von ihren jeweiligen Erfahrungen erzählt,

„die einen heulend und weinend, indem sie gedachten, welcherlei und wie Großes sie erlitten und gesehen während der unterirdischen Wanderung;(...). Die aus dem Himmel hingegen hätten von ihrem Wohlergehen erzählt und der unbegreiflichen Schönheit des dort zu schauenden."

Auch hier spielt der Aspekt der Bestrafung der unreinen Seelen wieder einen erzieherischen Charakter. Die reinen Seelen hören, welch schlimmen Strafen, welch schlimmes Erleiden die unreinen Seelen hinter sich zu bringen hatten. Sie sollen in ihrer richtigen Lebenseinstellung bestärkt werden. Die unreinen Seelen sollen gleich doppelt belehrt werden. Einerseits auch durch die erlittenen Strafen, andererseits aber auch durch das Streben auf eine gute Behandlung nach dem nächsten Tod. Auch dieser Mythos kennt Seelen, die so schwere Verbrechen begangen haben, dass sie die Unterwelt, die Strafwelt, nicht verlassen können.

---

[54] Eigler, Gunther (Hrsg.): Platon. Werke in acht Bänden; Bd. 4; Darmstadt; 1990; S. 853.
[55] Platon spricht davon, dass Er im Krieg gefallen sei und nach zwölf Tagen wieder erwachte. Eine einfache Bewusstlosigkeit erscheint mir unwahrscheinlich, so dass ich hier den Begriff „scheintot" verwenden werde. Auf die Authentizität des Berichtes gehe ich hier nicht näher ein. Eigler verweist ebenfalls nur darauf, dass es ungewiss ist, ob die Figur und der Bericht eine Erfindung Platons sind.
[56] Vgl.: Eigler, Gunther (Hrsg.): Platon. Werke in acht Bänden; Bd. 4; Darmstadt; 1990; S. 853.
[57] Ebd.
[58] Ebd.
[59] Ebd., S. 855.

Der Tartaros dient dabei als Ort der ewigen Strafe, im Gorgias war es allgemein die Unterwelt.[60]

Die Seelen, die ihre Wanderung durch den Himmel beziehungsweise durch die strafende Unterwelt hinter sich gebracht haben, erreichten nach einer "Erholungspause" vor den Richtern und einer erneuten Wanderung von mehreren Tagen „die Spindel der Notwendigkeit"[61].

Hier beginne für die Seelen der Lebenslauf von vorne, wobei die Seelen ihre kommende Lebensform selbst wählten. Die Seelen entscheiden selber, ob sie als Tier oder als Mensch wieder auf die Erde kommen und würden auch den Grad ihrer Tugend selber bestimmen. „Gott ist schuldlos"[62]. Deshalb sei es notwendig zu lernen, wie man „gute und schlechte Lebensweise(n, M.W.)"[63] unterscheidet und die beste auswählt. Den richtigen Lebensweg sieht Platon natürlich in der Philosophie. Da jedoch die wenigsten Seelen wirklich über Weisheit verfügten, wählten sie die jeweils andere Lebensform. Die, die in der Unterwelt leiden mussten, entschieden sich für eine gerechte Lebensform, jedoch nicht aus Weisheit, sondern aus Angst. Die, denen im Himmel nur Gutes widerfahren ist, würden aus Sorglosigkeit und wegen der fehlenden Weisheit eine ungerechte Lebensform wählen. Nur die wirklich weise Seele sei in der Lage jedes Mal die richtige, gerechte Lebensform zu erwählen.[64]

4. Jenseitsvorstellungen bei Plutarch

Die Jenseitsvorstellungen bei Plutarch untersucht Eisele an drei Texten: *De sera numinis vindicta*, *De genio Socratis* und *De facie in orbe lunae*[65].

In *De sera numinis vindicta*, womit Eisele beginnt, berichtet ein gewisser Thespesios von seinen Erlebnissen als Scheintoter, dessen Seele „nach oben getrieben"[66] worden sei und der deshalb vom Ergehen der Seelen nach dem Tod erzählen könne. Auch Plutarch geht von der Bestrafung der ungerechten Seelen aus und führt drei strafende Figuren an: Poine für irdische

---

[60] Vgl.: Ebd. S. 855-859. Im Folgenden führt Platon als Beispiel wieder einen Tyrannen an, Ardiaios den Großen, eine, laut Eigler, vermutlich erdachte Figur.

[61] Eigler, Gunther (Hrsg.): Platon. Werke in acht Bänden; Bd. 4; Darmstadt; 1990; S. 861. Die Beschreibung dieser Spindel wird hier bewusst ausgelassen, da dies für die Ausarbeitung nicht wirklich von Bedeutung ist.

[62] Eigler, Gunther (Hrsg.): Platon. Werke in acht Bänden; Bd. 4; Darmstadt; 1990; S. 865.

[63] Ebd., S. 867

[64] Vgl.: Ebd., S.365-369.

[65] Eisele, Wilfried: Jenseitsmythen bei Platon und Plutarch. In: Labahn, Michael; Lang, Manfred (Hrsg.): Lebendige Hoffnung – Ewiger Tod ?! Jenseitsvorstellungen im Hellenismus, Judentum und Christentum; Leipzig; 2007; S.325.

[66] Ebd., S. 326.

Strafen, Dike für vergängliche jenseitige Strafen und Erinys für jenseitige unheilbare Strafen[67]. Um jeder Seele die gerechte Behandlung zukommen zu lassen, würden diese „offen sichtbar und nackt"[68] im Jenseits erscheinen.

Der Grad der Strafe hänge aber auch davon ab, ob die Vergehen, denen sich die Seele schuldig gemacht hätten, im Diesseits bereits bekannt gewesen sind oder nicht. Blieben die Taten zu Lebzeiten unentdeckt und damit ungesühnt, so sei die im Jenseits zu erleidende Pein umso schlimmer. Dies könne noch zusätzlich gesteigert werden, wenn die Nachfahren des Täters unter seinen Vergehen beziehungsweise deren Vergeltung zu leiden hatten, da diese sich an ihm rächten, sobald sie ins Totenreich eingehen.[69]

In *De sera numinis vindicta* liegt der Schwerpunkt der Erzählung auf den jenseitigen Strafen, während in *De genio Socratis* die „kosmologischen und psychologischen Ursachen für das gute und böse Handeln eines Menschen"[70] sowie die Ordnung von Diesseits und Jenseits die zentrale Bedeutung haben.

Die Seele des bewusstlosen Timarchos geht ins Jenseits über und erfährt dort die „kosmologische und ontologische"[71] Weltordnung. Das All werde von vier Prinzipien beherrscht: das Leben, die Bewegung, das Entstehen und das Vergehen. Die Reihenfolge zeige die Hierarchie dieser Prinzipien auf. Ohne das Leben könne es keine Bewegung geben, ohne Bewegung vom Chaos zur Ordnung kein Entstehen und ohne das Entstehen kein Vergehen. Jedes dieser Prinzipien sei somit mit dem nachgeordnetem Prinzip verbunden. Jeder Verbindungsstelle sei ein Ort sowie „eine Moira, eine Tochter der Notwendigkeit"[72] zugeordnet.

„Leben und Bewegung werden durch die Einheit im Bereich des Unsichtbaren zusammengebunden. Das ist der Platz der Atropos. Bewegung und Entstehung werden durch den Verstand miteinander verbunden. Dies geschieht im Bereich der Sonne, dem Ort der Klotho. Entstehen und Vergehen führt schließlich die Natur zusammen. Der Ort dafür ist der Mond, und bei ihm sitzt Lachesis. Der Bereich des Vergehens ist der Hades, der durch die Styx von den übrigen Orten getrennt ist. Dem Bereich unterhalb des Mondes wird zusätzlich Persephone zugeteilt."[73]

---

[67] Vgl.: Ebd.
[68] Ebd.
[69] Vgl., Ebd., S. 326-327.
[70] Ebd., S. 328.
[71] Ebd., S. 329.
[72] Ebd.
[73] Ebd.

Nach der Beschreibung der kosmologischen Wirklichkeit folgt die Beschreibung des menschlichen Seins. Der Mensch bestehe aus drei Teilen: dem Leib und der Seele im vergänglichen Bereich und dem Verstand, dem Dämon oder Daimonion im unvergänglichen Bereich, der eindeutig von der Seele abzugrenzen sei[74]. Der Dämon halte sich aus dem Bereich des Vergänglichen heraus, im Gegensatz zur Seele, die sich mit dem Körper, sprich mit dem Vergänglichen einlasse. Die Aufgabe des Dämons liege demnach darin, die Seele zu führen. Geschieht dies, würden sich Seele und Dämon geordneten bewegen. Widersetzt sich eine Seele dem Dämon, vollführe sie ungeordnete Bewegungen[75].

Der Dialog *De facie in orbe lunae* übernimmt den Stufenbau des Alls von *De genio Socratis*, wobei die Erde stärker betrachtet wird. Über der Erde, auf der das irdische Leben ablaufe, befinde sich der Erdschatten mit dem Hades, dem Totenreich[76]. Über dem Hades folge aufsteigend „Persephones Haus"[77], der Mond mit Persephone als Göttin und Klotho als Moira, das Elysische Feld und die Sonne mit Atropos als Moira[78]. Der Aufbau des Alls bleibt gleich, allerdings steigen die Moiren allesamt um eine Stufe nach unten. Hier lässt sich nur vermuten, dass Plutarch die Anordnung der Moiren seinen jeweiligen Intentionen anpasste.

Der Mensch entstehe durch die Zusammenführung von Körper, Seele und Dämon und vergehe durch deren Trennung[79]. Jeder Teil des Menschen habe dabei an einem bestimmten Ort seinen Ursprung. Der Dämon oder der Verstand in der Sonne, die Seele im Mond. Träfen diese beiden Bestandteile des Menschen bei der Werdung desselben aufeinander, entstehe die Vernunft. Das weitere Absteigen der vernünftigen Seele führe diese auf der Erde mit dem Leib zusammen, so dass das Unvernünftige und Leidensfähige entstehe[80].

Wie die Enstehung des Menschen so gehe auch der Tod desselben in zwei Schritten von statten. Beim ersten Tod löse sich die Seele vom Körper, steige hinauf in den Hades, wo sie gereinigt werde und gehe anschließend zum Mond hinauf[81]. Der zweite Tod trenne den Dämon von der Seele, wobei der Dämon allein zur Sonne zurückkehre[82]. Die Seelen hätten bei ihrer Reinigung jedoch auch die Chance soweit gereinigt zu werden, dass sie sich in Dämonen verwandelten um den Menschen auf der Erde in dreifacher Hinsicht zu dienen. Sie

---

[74] Vgl.: Ebd., S. 329-330.
[75] Vgl: Ebd., S. 330.
[76] Vgl.: Ebd., S. 331.
[77] Ebd.
[78] Vgl.: Ebd., S. 331
[79] Vgl.: Ebd.
[80] Vgl. Ebd.
[81] Vgl.: Ebd., S. 332.
[82] Vgl.: Ebd.

seien dann erstens Kultgenossen bei Orakeln, Mysterien und Festen, zweitens Rächer im Unrecht und drittens Retter in Kriegs- und Seenot[83]. Begehen sie als Dämonen Verfehlungen, müssten sie auf dem Mond gereinigt werden

„Das Ziel aller Reinigung besteht aber darin, dass der Geist sich von der Seele löst und bis zur Sonne aufsteigt, von der er stammt."[84]

Mit dem Aufstieg zur Sonne kann dann schließlich die Ontogenese des Menschen von vorne beginnen, womit die Seelenwanderung wieder an ihrem Ausgangspunkt angelangt ist.

5. Vergleichende Zusammenfassung

5.1. Gemeinsamkeiten

Es ist im Verlauf der Ausarbeitung deutlich geworden, dass es viele Gemeinsamkeiten in den Jenseitsmythen von Platon und Plutarch gibt. Beide gehen offensichtlich von einer Seelenwanderung und einer Inkarnation aus, anders ist die Bestrafung der Seelen im Jenseits nicht zu erklären. Der Strafcharakter des Jenseits ist bei beiden Denkern vorhanden, wenn er auch unterschiedlich akzentuiert wird. Ebenso ist der Ablauf der Seelenwanderung nach dem Tod ähnlich: Einem indirektem oder direktem[85] Gericht folgt die Belohnung beziehungsweise Bestrafung der Seele, ein Wandern oder Wandeln in der jenseitigen Welt und ein neues irdisches Leben.

Die Bestrafung der Seelen im Jenseits geht einher mit dem Tun-Ergehen-Zusammenhang, der bei Platon in jedem untersuchtem Jenseitsmythos mitgedacht wird, bei Plutarch zumindest in *De sera numinis vindicta*. In dieser Logik folgt bei beiden Denkern die Inkarnation. Ohne die Inkarnation wäre die Bestrafung im Jenseits zwar auch logisch, nicht jedoch das Aufstellen von Tätern unverzeihlicher Sünden, die schmerzvolle Strafen erleiden und als abschreckendes Beispiel dienen sollen. Hier zeigt sich die Notwendigkeit der Inkarnation. Ohne Inkarnation wäre keine abschreckende Wirkung möglich, da die Seelen die Abschreckung nicht unter Beweis stellen könnten.

---

[83] Vgl.: Ebd.
[84] Ebd.
[85] Bei Platon richten Richter über die Seelen, es findet also ein direktes Gericht statt. Plutarch nennt dies nicht explizit, schreibt aber doch von gerechten und ungerechten Seelen, so dass mindestens ein indirektes Gericht unterstellt werden kann.

Des Weiteren gehen beide Autoren von einer ähnlichen Seele aus. Bei Platon besteht die Seele in einem Stück, bei Plutarch tritt zur Seele noch zusätzlich der Dämon hinzu, der die Seele lenken sollte. Dies wird gerade beim längeren Jenseitsaufenthalt wichtig, von dem auch Platon ausgeht[86]. Der Dämon weist der Seele nach Plutarch den richtigen Weg, so dass die ohnehin lange Seelenwanderung nicht noch länger wird.

Der Strafe sowie dem Wandeln in der jenseitigen Welt folgt die Inkarnation in ein neues irdisches Leben. Sowohl bei Platon als auch bei Plutarch gibt es dabei die Möglichkeit, dass der Mensch als Mensch, Tier oder Pflanze zurückkehrt.

5.2. Unterschiede

Die Unterschiede zwischen den Jenseitsvorstellungen von Platon und Plutarch liegen vor allem in der Kosmologie des Jenseits. Plutarch kennt im Gegensatz zu Platon keine Unterwelt im strengen Sinne des Wortes. In seinem Mythos liegt die jenseitige Welt über der Erde und ist nochmals zweigeteilt. Der erste Bereich, in dem die ungerechten Seelen gereinigt werden, liegt zwischen Erde und Mond. Der zweite Bereich ist der Bereich der gerechten Dämonen, die Sonne.

Platon kennt eine konkrete Unterwelt, den Hades. Dort werden die Seelen, wenn möglich, von ihren Sünden befreit und gerechtfertigt um anschließend wieder auf die Erde in ein neues Leben zurückzukehren. Die Lage der „Inseln der Seligen" wird nicht genau beschrieben[87], dürfte jedoch außerhalb der Unterwelt und somit in einer Art "Oberwelt" liegen.

Jedoch unterscheidet die Jenseitsmythen der beiden Denker nicht nur die Kosmologie des Jenseits, sondern auch die Ontologie des Menschen. Zwar gehen beide, wie bereits beschrieben, von einem ähnlichen Seelenbau aus, jedoch kennt Plutarch noch einen zusätzlichen menschlichen Teil, nämlich den Dämon. Außerdem entsteht die Individualität eines Menschen laut Plutarch erst durch das Zusammenspiel von Dämon (Verstand), Seele und Leib. Für Platon ist die Seele allein Träger der Individualität.

Ein weiterer Unterschied zwischen Platon und Plutarch liegt in der Beantwortung der Frage, ob die Seele völlig gerecht sein kann. Platon beantwortet diese Frage mit ja. Er kennt, wenn auch nicht viele, gerechte Seelen, die nach dem Tod des Menschen direkt auf die „Inseln der Seligen" gelangen. Nur ungerechte Seelen kommen in den Hades um gereinigt zu werden. Für

---

[86] Platon geht von einem Jenseitsaufenthalt von 100 Jahren aus, Plutarch nennt keine konkrete Zahl, weist jedoch darauf hin, dass der Täter noch von seinen Nachfahren im Jenseits bestraft werden kann, was einen Jenseitsaufenthalt von mehreren Jahren notwendig macht.
[87] Platon sagt nur, dass sie am Ende der Welt liegen würden.

Plutarch ist diese Idee nicht möglich. Seinem Mythos nach müssen alle Seelen zwischen Erde und Mond zur Reinigung wandern. Zwar ist die Länge dieser Wanderung ja nach Grad der Ungerechtigkeit der Seele unterschiedlich, einer Reinigung bedarf jedoch jede Seele.

6. Schlussbetrachtung

Wie aufgezeigt wurde, gibt es zwischen den verschiedenen Jenseitsmythen bei Platon und Plutarch viele Gemeinsamkeiten, aber auch signifikante Unterschiede. Es wurde jedoch auch aufgeworfen, dass es zwischen den Jenseitsmythen eines Denkers gewisse Differenzen gibt. Dies konnte hier leider nur angedeutet werden und würde sich anbieten, um in weiteren wissenschaftlichen Untersuchungen genauer betrachtet zu werden. Dabei könnte auch erforscht werden, welche Motive bei Platon und Plutarch für ihren jeweiligen Jenseitsmythos eine Rolle spielten.

Bei Platon drängt sich nach dieser Arbeit der Verdacht auf, dass seine eigenen, negativen politischen Erfahrungen ihn dazu brachten, den einzig richtigen Lebensweg darin zu sehen, der Philosophie nach zu streben. Plutarch hatte diese Erfahrungen so nicht gemacht, war in seinem Leben viel stärker politisch aktiv und hatte regen Kontakt zur römischen Geisteswelt, ganz im Gegenteil zu Platon. Somit ist es wahrscheinlich, dass in Plutarchs Werken auch römisches Gedankengut zu finden ist, auch wenn Platon ihm selbst als Vorbild galt.

Dies sind zwei mögliche Forschungsfelder für weitere Arbeiten. Einerseits die zum Teil unterschiedlichen Vorstellungen eines Denkers zu erforschen, andererseits die differenten Vorstellungen zwischen Platon und Plutarch auf Motive, Intentionen und römische oder andere Einflüsse zu untersuchen.

7. Literaturliste

7.1. Primärliteratur

- Aristoteles: Nikomachische Ethik; nach der Übersetzung von Eugen Rolfes bearbeitet von Günther Bien, Hamburg, 1995.
- Eigler, Gunther (Hrsg.): Platon. Werke in acht Bänden; Bd. 2; Darmstadt; 1988.

7.2. Sekundärliteratur

- Bordt, Michael: Platon; Freiburg/Basel/Wien; 1999.
- Dalfen, Joachim: Platon. Werke; Bd. VI 3; Göttingen; 2004.
- Ebert, Theodor: Platon. Werke; Bd. I 4; Göttingen; 2004.
- Eisele, Wilfried: Jenseitsmythen bei Platon und Plutarch. In: Labahn, Michael; Lang, Manfred (Hrsg.): Lebendige Hoffnung – Ewiger Tod ?! Jenseitsvorstellungen im Hellenismus, Judentum und Christentum; Leipzig; 2007.
- Frenschkowski, Marco: Plutarch. In: Bautz, Friedrich-Wilhelm (Hrsg.): Biografisch-Bibliografisches Kirchenlexikon; Herzberg; Bd. XIV;1998; Spalte 1363-1372.
- Reichert, Eckhard: Platon. In: Bautz, Friedrich-Wilhelm (Hrsg.): Biografisch-Bibliografisches Kirchenlexikon; Herzberg; Bd. VII;1994; Spalten 723-726.